Haiku heute

Aufbrüche
Haiku-Jahrbuch 2023

Volker Friebel

Edition Blaue Felder, Tübingen

Merkmale von Haiku[1]

Kürze: Haiku werden meist in drei Zeilen gesetzt.
Gegenwärtigkeit: Haiku sind in der Gegenwart. Wenn andere Zeiten vorkommen, dann sind es Erinnerungen oder Zukunftsfantasien, die jemand in der Gegenwart hat.
Konkretheit: Haiku stellen ein Erleben konkret dar, sinnlich miterlebbar, sie reden nicht abstrakt über die Welt, sondern zeigen sie.
Offenheit: Nach dem Lesen sollte ein Nachhall, etwas Ungesagtes, offen Gelassenes bleiben.
Endreime und Überschriften gibt es nicht.

Haiku heute ist ein Projekt zur Förderung des deutschsprachigen Kurzgedichts. Die Netzpräsenz www.haiku-heute.de erstellt aus den dort eingereichten Texten Monatsauswahlen. Die Jahrbücher versammeln davon die interessantesten Haiku jedes Jahres, ergänzt durch nur für das Jahrbuch eingereichte Haiku und weitere Texte.

Die Mehrzahlbildung folgt der Muttersprache aller Menschen, Bären und Schmetterlinge.

Edition Blaue Felder, Volker Friebel,
Denzenbergstraße 29, 72074 Tübingen (Deutschland)
www.volker-friebel.de

Herstellung und Verlag:
BoD – Books on Demand, Norderstedt

Redaktion, Gestaltung, Foto: Volker Friebel
Lektorat: Elisabeth Menrad
Veröffentlichung: April 2024

ISBN: 9783759712691

---

1 Nach: Volker Friebel (2019): Das Haiku. Grundwissen – Vertiefungen – der Horizont. Edition Blaue Felder.

Inhalt

Einführung

deutschstunde
das kind schaut aus dem fenster
und findet ein haiku

Was sieht das Kind in den Versen von Annika Carmen Schmidt? Vielleicht einen Baum, und es hört einen Vogel. Und das, was die Lehrerin vorn an der Tafel sagt, wird plötzlich lebendig.

Haiku können so einfach sein, wie dieser Text. Bāsho, der alte Meister des Haiku, meinte sinngemäß: „Um Haiku zu schreiben, werde ein Kind". Weil die Großen, durch Schule und die folgende „Schule des Lebens" zurechtgestaucht und eingeschüchtert, sich nicht mehr trauen, eigene Worte zu finden, spontan ein paar Striche mit dem Pinsel auf ein Blatt Papier zu setzen oder die Töne des eigenen Herzens zu summen.

Lese ich allerdings Besprechungen von Haiku großer Meister, steckt in dem kleinen Gedicht doch mehr, als der erste Blick sieht. Weil sich manchmal in die beiden Bilder, die gegeneinander gehalten werden (das häufigste Kompositionsprinzip bei Haiku), zufällig Raffinesse oder Tiefsinn verirren? Häufiger wohl wegen der Arbeit am Text nach dem spontanen Notieren.

Das zitierte Haiku behauptet: Die Welt ist Gedicht. Das ist keine Aussage, die aus der Romantik und von seelenvoll schwärmenden Menschen stammt, sondern abgeleitet aus der Wahrnehmungsphysiologie. Was wir sehen, hören, riechen, schmecken, spüren, ist zwar kein Traum, doch unsere Sinneswahrnehmungen geben eher Gleichnisse der Realität wieder als diese selbst. So erfindet unser Gehirn die Farben, um uns die unterschiedlichen Wellenlängen der elektromagnetischen Strahlung handhabbarer zu präsentieren, erfindet aus Druckwellen Töne, aus der Anwesenheit von verschiedenen Molekülen Düfte. Das alles ist Dichtung – aber nicht haltlos freie Erfindung, sondern eine künstlerische Aufbereitung der Wirklichkeit.

Was macht ein Haiku aus? Wie unterscheidet es sich von anderen Arten von Texten? Die Ansichten der Dichter gehen auseinander. Doch in einigen Punkten treffen sie sich.

* Kürze: Mehr als drei Silben mit zusammen höchstens 17 Silben sollte ein Haiku nicht haben. Es gibt auch gelungene Haiku mit 18 oder 19 Silben – doch sehr viel mehr deutlich kürzere.

* Der erlebte Augenblick, in der Wirklichkeit oder imaginiert. Festzustellen ist er fast immer in der Gegenwartsform der Texte.

* Konkretheit und weitgehender Verzicht auf abstrakte Begriffe. Es geht mehr um das Erleben als um das Einordnen und Nachdenken.

* Eine meist größere Offenheit, Unabgeschlossenheit von Texten, als sonst in der Dichtung.

* Überschriften und Reime sind bei Haiku nicht üblich.

Wenn diese Punkte auf einen Text zutreffen, sollte es ein Haiku sein. Ob es allerdings ein gelungenes Haiku ist, darüber entscheidet das ästhetische Empfinden der Leser. Das kann sich unterscheiden.

Und der Begriff „Haiku" ist weniger eine Schublade, als ein weites Feld, auf dem sehr unterschiedliche Texte wachsen und wachsen dürfen, manche nahe an seinem Zentrum, andere mehr oder weniger weit von ihm entfernt.

Einige Beispiele.

Nur zwei Zeilen und 12 Silben hat das Haiku von Claudia Brefeld:

im Moment des Küssens
fallende Kirschblüten

Das ist, wenigstens für mich, ein gelungenes Haiku. Selbst in der Liebe (die dem Haiku gemäß nicht abstrakt als „Liebe", sondern konkret als Kuss zur Sprache kommt), selbst wenn die Zeit zu stehen scheint, fallen die Kirschblüten. Abstrakt formuliert ist das Thema des Textes Vergänglichkeit.

Im klassischen japanischen Haiku sind Anspielungen literarischer Art häufig, heute und im Westen dagegen eher selten. Ein Grund mag sein, dass uns der verbindliche Literaturkanon vergangener Zeiten nicht mehr selbstverständlich ist. Man sollte schon einen bestimmten Film (Inception) kennen, um das folgende Haiku von Frank Dietrich ganz würdigen zu können:

aufwachen will ich taumelnder Kreisel

Die Ausführung in einer Zeile (durchaus „klassisch": Japanische Haiku werden üblicherweise in einer einzigen Spalte geschrieben) korrespondiert interessant mit der Frage, ob der Kreisel nun kippen wird oder nicht.

Moritz Wulf Lange zeigt uns in seinem Text, dass das, was wichtig ist, auch vom Alter abhängt:

Das neue Schuljahr –
der Junge vor dem Spiegel
kämmt sich Gel ins Haar.

Drei Zeilen, 17 Silben, ein anderes Kompositionsprinzip – und doch auch ein Haiku (und ein gelungenes dazu).

Vom anderen Ende des Lebens begegnet uns ein Text von Martin Berner:

an Schläuchen gefangen
er ruft
den Teddy von früher

In diesem Text gibt es keine Natur und keine Jahres-
zeit. Dennoch ist er ganz gegenwärtig.

Wie wichtig für das Haiku, ich denke für dichteri-
sche Texte überhaupt, Konkretheit ist, zeigen Verse
von Michaela Kiock:

nach all den worten
eintauchen
ins summen der bienen

Erst die dritte Zeile macht das Haiku, das gute
Haiku. Stünde da etwas weniger Konkretes, etwa „in
die Wirklichkeit" oder „ins Leben", gleich wäre es
uninteressanter – obwohl nicht weniger prägnant.

Ein Augenblick, eine Szene, und diese nur zeigen,
nicht kommentieren oder gar bewerten – das reicht.

Solche Haiku-Momente finden sich durchaus auch
hier und da in klassischer deutscher Dichtung. Etwa
als Schluss des Gedichts „Hälfte des Lebens" von
Friedrich Hölderlin:

Die Mauern stehn
sprachlos und kalt, im Winde
klirren die Fahnen.

Der englische Herausgeber und Haiku-Dichter David
Cobb hat diesen Dreizeiler in seine Anthologie „Euro-
Haiku" (2007) aufgenommen. Dass solch ein
Augenblick für ein eigenes Gedicht bereits ausreicht,
diese Erkenntnis (und den Mut dazu) ist allerdings
Dichtern des alten Japan zu verdanken. Deshalb
finde ich es gerechtfertigt, Texte solche Art auch im
Deutschen als Haiku zu bezeichnen, als Zeichen des

Respekts, obwohl sich unsere Kultur von der des klassischen Japan stark unterscheidet.

Das also sind Haiku. Aber weshalb sollte sich jemand mit ihnen beschäftigen? Dichtung hat wenig Wert in unserer Zeit.

Womit wir uns beschäftigen, wohin wir schauen und hören, das färbt uns. Der Brunnen im Wald färbt uns, die Blumen der Wiese, der morgendliche Stau auf dem Weg zur Arbeit – und die Arbeit.

Haiku sind eine Möglichkeit, bei dem zu sein, was uns gut tut. In der Natur, bei den Bächen, den Seen, dem Grün, nun im Frühling beim neu erwachenden Leben. Gegenwärtigkeit, Achtsamkeit, die in fast allen gelungenen Haiku aufscheinen, tun uns auch dort gut, wo es eigentlich nicht so angenehm ist, eben manchmal bei der Arbeit, im Krankenhaus, vor dem Stacheldraht. In den Worten und Bildern des Haiku können wir in der Gegenwärtigkeit verweilen.

Die Beschäftigung mit Haiku ist nicht nur Beschäftigung mit Literatur, sondern auch mit uns selbst, und mit dem, was Gesundheit ausmacht, Frieden, Selbstwirksamkeit, auch Selbstherausforderung. Damit ist das Haiku allerdings nicht allein, das ist auch beim Malen möglich, dem Fotografieren, bei manchen anderen Ausdrucksformen der Literatur. Das Lesen und Schreiben von Haiku entspricht so, natürlich, auch einer persönlichen Vorliebe und Entscheidung.

Das Haiku-Jahrbuch erscheint seit dem Jahr 2003. Ziel ist es, wenigstens einiges Herausragende aus dem Strom der unzähligen geschriebenen und veröffentlichten Texte herauszugreifen und festzuhalten, ein Gedächtnis des deutschsprachigen Haiku aufzubauen und zugänglich zu machen.

In der vorliegenden Ausgabe des Jahrbuchs finden sich 571 Haiku von 122 Autoren, die im Jahre 2023 geschrieben oder erstmals veröffentlicht wurden. Sie stehen als gute Beispiele für die ganze Spannbreite des gegenwärtigen deutschsprachigen Haiku, ob klassisch, zeitgenössisch oder avantgardistisch orientiert.

Dieser Einführung folgt der Hauptteil des Buchs, er enthält die aufgenommenen Haiku, aufgeführt unter den alphabetisch gesetzten Autorennamen. Die Texte stammen vor allem aus der Netzpräsenz „Haiku heute", die monatlich eine Auswahl der besten eingereichten Texte erstellt (eingereicht wurden dort 2023 fast 5.000 Texte, davon veröffentlicht 871), außerdem aus den Publikationen der Deutschen Haiku-Gesellschaft (Vierteljahresschrift „Sommergras"), aus dem halbjährlich erscheinenden „Chrysanthemum" sowie aus direkt für dieses Jahrbuch eingereichten Texten.

Es folgen drei Tan-Renga (zweigliedrige Kettengedichte) als Beispiele für die Möglichkeit, gemeinsam zu dichten.

Ein letztes Kapitel, „Das Haiku-Jahr", versucht eine Kurzfassung davon, was sich 2023 im deutschsprachigen Kurzgedicht getan hat.

Am Schluss steht das Autorenverzeichnis.

Alle Texte wurden durch Volker Friebel ausgewählt, kritisch unterstützt durch Elisabeth Menrad. Alle Prosa ohne Verfasserangabe stammt von Volker Friebel.

Haiku

Elena Abendroth

Yoga
Schmetterling wandelt sich zum Frosch
dann der Kuss

die Augen
aufgerissen
der Wurm frisst und der Krebs

sein letzter atemzug
der fluss

Sylvia Bacher

die straßen leer
im pfarrgarten das auf und ab
der schaukel

angler am weiher
zum gruß heben sie
ihre bierdosen

zwischen stauden am
waldrand ein alter hohlweg
insektenschwärme

Marita Bagdahn

Der Obdachlose
schlafend in seiner Nische –
Kirchenasyl

Totensonntag –
noch immer bügelt sie
seine Taschentücher

Erntemond –
in seinem Gesicht die Schatten
noch dunkler

Alle aufgeregt
die Schmetterlinge
die Katze

Neunzigster Geburtstag
er zieht
die Wanduhr auf

Sonja Bautz

rosa Kirschblüten
mit gesenktem Kopf geht sie
den Blick aufs Handy

Christa Beau

Nikolaustag
meine Katze wärmt
den leeren Schuh

beim Ohrenarzt
fürs Zwitschern der Vögel
ein Hörgerät

Wildblumen
dazwischen
mein Urenkel

Abschied
im schwindenden Licht
sein Schatten

Daniel Behrens

Der Flügelschlag
des Zitronenfalters –
zitterndes Gras ...

Hirschkäferkampf
Zwei Judoka
betreten den Ring

Käfer in der Pfütze
Kinder bringen ihm bei
wie man schwimmt

dunkelgrau die ganze Welt
da beschwirrt ihn
eine Libelle

erste Nachtigall
der Rollator
hüpft

frisches Buchengrün
er bestellt den Großpack
Sondennahrung

ein Wind im Kornfeld
und wenn es Gott
doch gäbe

allererste Liebe
er pflückt
einen Bärlauchstrauß

allein im Heim
was hätte er Enkeln
alles zeigen können

Gebet für den Frieden
von den Kirchenwänden
schallt es zurück

jetzt im Rollstuhl
er übt
Kurven schneiden

Martin Berner

Turteltauben Mauersegler
die Demenz-Sprechstunde
schon vergessen

Novembergrau
ihr Rollstuhl
wippt zu Salsa

an Schläuchen gefangen
er ruft
den Teddy von früher

Blausternchen
sie möchte alle
umarmen

vor dem Arzttermin
Blicktausch
mit dem Rotkehlchen

Wolfgang Beutke

Gipfeltreffen ...
die endliche Zeit
der gleitenden Gletscher

Eva Beylich

Blättermosaik
kunstvolle Ornamente
der Sturm legt sie neu

Christof Blumentrath

nach der Bescherung
sorgsam faltet sie
das Geschenkpapier

Adrian Bouter

Seehafen
ein Windstoß
entfaltet Möwen

Karsamstag
ich breche
Zartbitterschokolade

Ebbe
wie sehr ich versuchte
dich zu erreichen

Eislaufen wer hingefallen steht wieder auf

Kriegslied
die verwitterten Augen Christis
an einer Wand

Claudia Brefeld

Morgenkaffee
der Geschmack
harter Worte

im Moment des Küssens
fallende Kirschblüten

Flüchtlingslager
eine Puppe
im Stacheldraht

Tempelbesuch
im Schwingen der Klangschale
ruhen

Brigitte ten Brink

Tanztee
auf dem Seerosenblatt
Libellenschatten

Morgendämmerung
ein Vogelschrei berührt den Rand
meines Traumes

abnehmendes Licht
sie putzt ihre Brille
wieder und wieder

Brigitte ten Brink

auf Schattensuche
unter dem wilden Wein
die Wespe und ich

Jahrestag
ein Schmetterling
auf deinem Grabstein

Ralf Bröker

Trappist-1 e
mein alter Schulfreund trinkt mit mir
auf das Leben

vergilbte Todesanzeige
die Farben meiner Erinnerungen

Neujahrsmorgen
ich hol dir ein Stück
aus dem Schinkenhimmel

Heiner Brückner

auf dem dach
unserer lieben frau
ein storchennest

Weihnachten
im überfrachteten Schiff
Engelschöre

abschied
unsere tränen
im regen

eine weile
mein handzeichen im sand
dann die welle

Horst-Oliver Buchholz

die Party ist aus
du stehst zwischen Scherben
die funkeln

Männerfreundschaft
wir schweigen gemeinsam
ins leere Glas

am Seeufer
nachdenken über uns
– schwankende Halme

Horst-Oliver Buchholz

zwischen Gräbern
und Gräbern
der Weg zum Ausgang

Stefanie Bucifal

Metamorphose
ein Falter schlüpft
durch ein Loch in der Zeit

Pendlerfahrt
in den Wimpern eines Fremden
verfängt sich das Abendlicht

Blätter im Wind ich bin nirgendwo

Abstieg –
der Berg zieht sich zurück
ins Blau

geschlossene Lider die Liebe ein Nachbild

Rudern
wir sind eins
mit unserer Spiegelung

staubiger Globus
die Welt
in ihren Händen

Stefanie Bucifal

Liebe
der schöne Klang
deiner Lüge

Neujahrsnacht
mein Schicksal
im Innern des Glückskeks

Pitt Büerken

Himmelfahrtstag
die Großeltern bestellen
einen Treppenlift

Stille Nacht
nur von fern das Rattern
eines Güterzugs

Gabi Buschmann

Kolumbarium –
zwischen all den anderen
dein Name

Ingo Cesaro

Ameise rudert
in der Pfütze am Waldweg.
Die Sonne ertrinkt.

Beate Conrad

Frühlingshorizont die Linie fängt an zu zittern

als ich mich
sicher wähne in der Wolke
eine Tür

Abend im Wind
die Wörter kehren zurück
in die Spieluhr

die Schneeflocke steckt es in die Tasche das Kind

Rauhreifmorgen –
die fraktale Landschaft
einer Klangcollage

Ein Schiffchen durch die
Fäden der Erinnerung
Altweibersommer.

Engelston in seinem Gefolge eine Spatzenschar

trunkene Magnolie ein Universum pulsiert

Beate Conrad

wie still die Tiefe des Ozeans erste Lichtkreise

knistert in den Adern der Dämmerung Eisregen

Heilige Nacht
aus den Molekülen der Luft
tritt ein Glockenton

wie im Gehölz das Licht steht Karwochenbeginn

ganz langsam
landet eine Schneeflocke
– Kliniknacht

Märzmorgennässe perlend ein Amsellied

zum Geruch von Einsamkeit schmelzende Schneeflocke

Pilatusfragment du unser Dasein

der Schatten
des Engels zitternd im Glanz
der Tanne

Vom Heiligen lesend
die Heuschrecke landet
auf meiner Haut

Zorka Čordašević

Leeres Nest
die Sonne über der Linde
Vögel auf der Flucht

Dunkle Nacht
hinter den Glühwürmchen
rennt der Junge

Tauperlen
zertreten von der Schafherde
Der Hund im Schatten

Neben der Schultasche
die unvollendete Zeichnung
Ostermorgen

Maya Daneva

Löwenzahnblüten
der Drang zu laufen ...
barfuß

Hauskauf
auch die neuen Besitzer
lieben Löwenzahn

Picasso-Ausstellung
die leeren Räume
in mir selbst

Maya Daneva

umgeben von Kleinkindern …
das Neugeborene schließt die Augen
und schläft ein

Reinhard Dellbrügge

Date im Café –
zwei Smartphones
und ihre Begleiter.

Beim Schälen.
Die Herzkartoffel
legt sie beiseite.

Abgelegenes Ufer.
Im verrottenden Boot
blühen Gräser.

Frank Dietrich

das Rascheln
des Perlenvorhangs
herein kommt … der Wind

Fabrikruine
aus einem Schornstein steigt
der Mond

nach dem Gewitter
ich verneige mich
vor der Vogelscheuche

als warte er auf den Mond
der runde Mund
des Brunnens

gefunden
in dieser Murmel
das Blau deiner Augen

Advent: ein Windhauch
bringt die Flamme der Kerze
zum Tanzen

letztes Licht
deine Augen
Fenster
zur Nacht

Mitternacht die Uhr schlägt mein Herz

Schneefall in tiefer Nacht
ich höre die Stimmen
der Toten

aufwachen will ich taumelnder Kreisel

Hildegard Dohrendorf

Stadtspaziergang
ich blicke durch eine Ritze
ins Armenhaus

Bernadette Duncan

heimgekommen
mein Buch noch offen auf dem Tisch
erster Schnee

beim Geflüchteten-Stand
der Bürgermeister
im Schneetreiben

ein Raunen
geht durch die Bahn voller Soldaten –
verschneites Gebirg'

dreht sich um die stille im tal altes mühlrad

hoch überm See
die halbe Flasche Wasser
mit dem Dackel teilen

letzter Schultag
in den Stimmen der Kinder
schon Meer

im Weinberg
auf einem Mäuerchen
ein bisschen älter werden

Bernadette Duncan

Stromausfall –
der Barista holt Kerzen, mischt sich
unter die Gäste

Frühlingsregen
im Fell der Katze
im Fell der Maus

Hartmut Fillhardt

Nach des Tages Rattern
Die Perseïden
Über dem Fluglärm

Auf dem Hofpflaster
Das Klacken seines Gehstocks
länger als gestern

    tanzt
im regen
das lachen der nachbarn

Petra Fischer

nach dem Schwarz-Weiß-Film
das Knirschen des Zuckers
auf dunklem Brot

Gerda Förster

Grenzland
am Fluss der Himmel so blau ...

Christiane Freimann

Ich bin da
klopft der Specht
stäubt die Hasel.

Himmel voller Sterne
Lichtverschmutzung
Milch.

Sie schreibt und schreibt
so lang
ihre Fingernägel.

Tausende Löwenzahnsonnen
Kirschblütenschnee
Pustemonde.

la mer
la mère
Gaia.

Volker Friebel

Nebeltag.
Im Busch zwischen Dornen das Herz
eines Vogels.

Kleiner Wannsee.
Auf dem Weg zum Kleist-Grab
erschossene Blätter.

Schneeschauer.
Ein Mädchen schaut durch sein Puppenhaus
in den Krieg.

Welten aus Spiegelbildern,
ununterscheidbar.
Kriegstagebuch.

Auf blutgetränkter Erde
liegt Schnee. Ein Alter grüßt,
in fremder Sprache.
    Zgorzelec (Polen)

Der Schmetterling –
vor dem Museumseingang
dreht er ab.

Klinikgang.
Auf dem Linoleum die Spiegelung
eines Menschen.

Die Wärme von Träumen.
Winterwind.

Ivan Gaćina

ihr erstes Aquarell ...
die Stacheln des Igels werden
Herbstabend

endloser Horizont ...
ihre Augen spiegeln
die Wärme der Sonne

mein Blick
durch die rauchige Nacht
Lärm der Sterne

mondlose Nacht ...
durch das Zirpen der Grillen
fließt die Milchstraße

Dieter Gebell

Frühlingserwachen
das Ohr der Katze
frisch eingerissen

Liebesspiel
der Mond
in ihren Augen

In den Himmel
schlägt sie ihre Krallen
die tote Taube

Dieter Gebell

Seit er lächelt
ist er mein bester Freund
der Spiegel im Flur

Ritterspiele
ein Junge besiegt
seinen Schatten

Eisiger Morgen
die Teetasse wandert
von einer Backe zur anderen

Vollmond
die Regentonne
füllt sich mit Licht

Helga Maria Gorfer

Die Bauernstube –
im Getäfel der Geruch
meiner Großmütter

Hitzewelle –
abends bricht der Hagel
unser Schweigen

Kinderaugenblau –
ein kleines Mädchen fragt mich,
wo der Himmel beginnt

friedensschluss –
das kind vergräbt seine
spielzeugsoldaten

Hochzeitstanz –
aus den Haaren der Braut
fallen Reiskörner

an der tankstelle –
der streuner kostet
vom regenbogen

im Reisekoffer
noch Sand vom letzten Sommer
mit dir

frühchenstation –
wie fest seine hand
meinen finger umschließt

junimond –
aus reifer gerste stäuben
leuchtkäfer

kanonenfeuer –
das leuchten am alten kirchturm
heller und heller

nach dem entzug –
diese fremde zärtlichkeit
meiner eltern

suppenküche –
ein mädchen bittet um nachschlag
für seinen teddy

nachbarbalkon –
mondbleich die haut
der fremden

Ostseeurlaub –
das ewige Rauschen
ihres Laptops

frühabort –
ihr zögernder griff
zur zigarette

abnehmender Mond-
in der Bushaltestelle das Leuchten
der Handybildschirme

sternenkind –
im granit der name
den er nie trug

Strandwanderung –
noch vor der Flut trägt der Wind
meine Schritte fort

Alexander Groth

der letzte zug
an meiner kippe das glühen
des himmels

Vogeltränke –
der Rotschwanz nimmt einen Schluck
vom Julimond

Schachmatt –
der Ahorn setzt sein Blatt
auf D7

Ruth Guggenmos-Walter

ich und das reh –
unsere spuren
im glitzernden blau ...

catwalk –
der fuchs schnürt
über den verschneiten steg ...

wilde veilchen
am waldrand
im gehölz ohren ...

brachland –
in den maschendrahtzaun
eine winde gewoben ...

Ruth Guggenmos-Walter

die kinder –
gänseblümchen
auf die tote amsel gestreut …

Matthias Gysel

eine Fliege
der Chor
summt mit

Taiki Haijin

Captain Morgan
die Jungs navigieren in
den Kurparkweiher

Sonntagsbraten
die vegane Tochter schaut
in müde Augen

Claus Hansson

das Gerstenfeld
in seiner Dürftigkeit
erblüht der Mohn

auf der Hallig
das Licht in ihren Augen –
Biikebrennen

im Tarnanzug
durch das Roggenfeld ...
auch der Spatz

Perlenhochzeit –
durchs Kornfeld streichen
im Abendwind

die Bücher
er liest sie jetzt mit
ihren Augen

Gabriele Hartmann

einsetzender Regen
die Menge entfaltet
ihre Farben

Artilleriefeuer in der Ferne bellt ein Fuchs

zum Frühstück
Haferbrei – der Jüngste
beklagt sein Karma

gelöst
sein langes Haar im Wind
ziehende Wolken

heftet sich
an meine Fersen – die Nacht
ein bellender Hund

Steinway die Stille bevor er Platz nimmt

Mittsommer
das Bachbett füllt sich
mit Stille

Wahlsonntag
der Wind scheitelt
mein Haar

wieder Ostwind
mit der Zeitung hole ich
die Kälte ins Haus

Schleierwolken wir kondensieren und verlieren uns

trockener Husten
in einem Glas gefangen
der Mond

Georges Hartmann

Durch den Bahnhof
zur Arbeit – auf Gleis 1
der Zug nach Paris

Sylvia Hartmann

durch die klebrigen
Reste von gestern steigen
Jahresanfang

Überfahrt bei Sturm
eine Tüte aus Papier
ihr einziger Halt

Krabbelgruppentreff
im Kirchsaal – draußen parken
die Bobbycars

nach dem Arztbesuch
aufgeklärt über die
Krise der Royals

Birgit Heid

Radiogottesdienst
über dem Lobgesang
ein Kranichzug

ihre Wünsche
zur Beerdigung
Schlüsselblumen

Sakura
der Ukulelespieler auf dem Pfad
der Stille

Pride month
er findet
keinen Geliebten

Variationen des Schweigens der Sand nach
einer Welle

verschneiter Wald
glitzernd tanzt
mein Leben vorbei

Anke Holtz

Morgenkühle
auf dem Weg
der stille Glanz erster Kastanien

nach dem Rattern der Rasenmäher
Friedensverhandlungen

Altweibersommer
im aufgespannten Rock
Äpfel heimtragen

der Wind und ich
Kirschblüten
machen uns still

eingekocht
das Grinsen
der Halloween-Kürbisse

jemand ruft meinen Namen
die Zeiger der Uhr
im Aufwachraum

Baumpatenschaft
ich erzähle ihm
von meinen Zweifeln

späte Heimkehr
auf mich wartend
kalter Kaffee

Maigezwitscher
die Tanzstunde
abgesagt

Holunderduftwolke
ich muss
küssen

Angelika Holweger

dieses Blühen am Hang
teile meine Freude
mit dem Wind

nach dem Gewitter
die Kleine schleckt Tropfen
vom Buchenlaub

noch näher dem Himmel
ihr silbernes Blühen
uralte Weide

Mahd um Mahd
blass steht der Mond

fremde Wege ...
ringsum
glitzert Morgentau

Wolfgang Hölz

erstes Büchsenlicht
der Jäger
eingenickt

auf der Bettdecke
Mondlicht
Berge und Täler

die Quitten
wie sie duften
im Aquarell

erster Frost
Rauch steigt auf
in den Bergen fällt Schnee

Glockenstube
das Rasseln des Uhrwerks
vor dem Schlag

schon siebzig
wie gut er noch aussieht
der Kirschbaum

Morgengebet
das Gurren der Tauben
auf dem Domplatz

erste Regentropfen
der Spiegel des Teiches
erblindet

die Schnauze
des Teddys
honigverschmiert

sein Schläfchen
im Beichtstuhl
von aller Last befreit

Christian Hövel

In schlafloser Nacht
Ein gefallener Engel
Trunken vom Mondlicht

Saskia Ishikawa-Franke

Erster Taifun
die Abendglocke
klingt tröstlich.

Ein Frosch springt
in den Vollmond
Tempelgarten.

Zikaden am Stamm
Flügel und Körper zittern
Abschiedsgesänge.

Ilse Jacobson

Märznacht
haltlos durch alle Ritzen
duftende Erde

Sommerlicht
das Schwarz der Brombeeren
noch dunkler

Ilse Jacobson

den Herbstblues
pfeifen
gelingt nicht mehr

in die Stille
der Atem meines Hundes
lange danach ...

traumtänze ...
augenblicksblume
mohn

Wandlung
mich wiederfinden
als Birke

Rüdiger Jung

So kam ich zuletzt
als Junge vom Stromern heim –
nass bis auf die Haut

Hilde Kähler-Timm

Die Birke schüttet
Laub übers jubelnde Kind:
„Ich bin Goldmarie!"

Deborah Karl-Brandt

Die Straßenbahn beginnt zu flüstern
verlassener Koffer

Wogende Wellen
Männer in Lederjacken
vergleichen ihre Harleys

Garnelenpfanne
Sie lädt sich selbst ein
Nachbars Katze

Argumente
Nichts anderes zählt
bis er weint

Götterloser Mond
Regen füllt die Schale
der Bettlerin

Wo der Altar stand
zwei Mädchen machen Selfies
Herbstkälte

Ein Reh
im Licht der Scheinwerfer
Dieser Blick

Finstere Nacht
An die Wand gesprüht
ein einzelner Stern

Michaela Kiock

sommermond
bis in den morgen
der duft
des jazz

abend am see
trinke mit einem vogel
vom licht

das schluchzen
aus der kinderstation
magnolienknospen

nachtgespräch
das licht
in ihrer stimme

drachensteigen
das erste lachen
des flüchtlingskindes

herbstmond
das leise spiel einer flöte
mit dem wind

morgentau
ein schmetterling entschlüpft
der stille

nach all den worten
eintauchen
ins summen der bienen

vergilbtes foto
in feinen rissen
das licht

altes vinyl
das knistern
in seinem blick

bombennacht
ein alter mann tief im gespräch
mit dem himmel

oktobersonne
die jähe lust
schnee zu malen

schwarz und weiß
ich öffne
vaters fronttagebuch

hospizbesuch
sie zeigt mir die farben
in der dunkelheit

sternennacht
das verlöschen
der fragen

Anett Klopsch

Montagmorgen
auch im Kaffeesatz
nur trübe Aussichten

Sommerferien
ein Löwenzahnschirmchen
geht auf die Reise

Zumba – die Spinnweben tanzen mit

Abbruchhaus
nur der Wind wohnt noch darin
und eine Birke

Oliver Kai Knütter

Die erste
Kirschblüte bist Du. Meine
Augen wandern.

Gunter Kofler

Sommerhitze
eine Menschenwelle ergießt sich
in das Schwimmbad

kalter Morgen –
in meine offnen Hände
nistet sich Sonne ein

der Bettler ist zurück
aus seinem Lachen blitzt
ein neuer Goldzahn

Abend zu zweit
die stille Präsenz anderer
auf ihrem iPad

ein Schmetterling
setzt sich auf ihre Nase –
und ist schon weg

im Nachtzug
Gang durch eine Galerie
träumender Porträts

Winterstille
nach dem letzten Zug
tiefer noch

Tobias Krissel

wetterleuchten
der klang ferner worte
im schlaf

schneeflocke
ihr erster ton
auf dem klavier

cumulus
der schmelz
des camemberts

gekipptes fenster
selbst das klo
riecht nach frühling

Marianne Kunz

Eine Nachricht platzt in die Sitzung:
Die Schwalben sind zurück!

Nach dem Ballett
das Gewicht einer Schneeflocke
auf meiner Hand

Maltherapie
die geschlossenen Blüten der
Buschwindröschen

Aussegnungsplatz
Schattenkreise berühren sich

Marianne Kunz

Gegangen –
der Abdruck im Kissen
hebt sich nur langsam

Sie ging leise
ihre Pupillen
schwarze Monde

Verschwimmender Wolkenzug
der Klang der Erde
auf seinem Sarg

Geeggtes Feld
Abendlicht leuchtet
in ihrem Gesicht

Der Kleine
in der Drecklache
entdeckt er den Himmel und sich

Moritz Wulf Lange

Erster Schmetterling
nicht losgelassen von den
Augen der Katze.

Papiere ordnen
am Schreibtisch – ein Schneeball trifft
die Fensterscheibe.

Das neue Schuljahr –
der Junge vor dem Spiegel
kämmt sich Gel ins Haar.

Am Kellereingang
das Gesicht in der Sonne
der Kohlenträger.

Der Bombentrichter
voller Schneeglöckchen – im Moos
ein Zeitungsfetzen.

Ein kaltes Zimmer –
mehr ist nicht geblieben vom
Traum der Studentin.

Nach seinem Tod
die Grillen im Garten
lauter als sonst.

Erste Krokusse
am Waldrand – ein Wohnwagen
mit roten Herzen.

Am alten Weiher
Spuren von Kindern und ein
aufgespießter Frosch.

Im Krankenzimmer
fächelt das kleine Mädchen
der Puppe Luft zu.

Moritz Wulf Lange

Silvesterfeier –
in der Küche klopft und kratzt
der Hummer im Topf.

Chris Lauer

Elektrizitätskrise.
Im Dunkeln finden sich
zwei Münder.

Eva Limbach

Bodenoffensive
die Härte
einer Novembernacht

Grenzland
mitten durch den Zaun wächst
ein Weltenbaum

Karfreitag
der Weg zur Schädelstätte
ausgetreten

Karwoche –
an der Mauer der Schatten
eines Kirschblütenzweiges

Eva Limbach

erblüht
zwischen zwei Kriegen
eine Christrose

Klimaprotest –
rund um den Straßenbaum wächst
wilder Weizen

mit Blick aufs Meer
ich öffne
die leeren Schubladen

Schneeschmelze –
in der Wasserlache schwimmt
ein Papierschiffchen

aschener Mond
weit bis zu uns trägt der Wind
den Krieg

zurück in das Land
wo der Krieg geblieben ist
Zugvögel

Ramona Linke

Schneemorgen
die verhärtete Narbe berühren

endlose debatte längst verlassen das taubennest

betreutes Wohnen
das frisch verliebte Paar
beim Tanztee

Museumsnacht …
auf 'nem Arbeitstisch das Licht
einer Schusterkugel

Trollstigen über verharschten Schnee hallen Kuckucksrufe

Wolfsstunde
das Schnurren
von Großmutters Nähmaschine

Eisheilige ihre Hände umschließen die Teeschale

in den Ruhestand …
aus seiner Aktentasche lugt
eine Sonnenblume

genesen
wie der Bambus glitzert
im Morgenlicht

Märzenbecher im Wind flattern Vaters Grubentücher

bleiche Wintersonne
die Blüten der roten Kamelie

abschied …
das mäandern ihrer gedanken

Ingrid Löbling

in der Straßenbahn
inmitten von Smartphones
allein

Horst Ludwig

Noch mal anhören
sein Butterfly flying home
Überlandbus nacht

Mitternachtsmesse
aus Rom. Das Tannenbäumchen
damals zu Hause

Der Bauchredner ist
tot. Im Lehnsessel seine
Puppe, gelassen.

Urlaub von der Front
Oboe an der Baache
damals, noch daheim

Todesanzeigen …
Ich muß los, die Straßenbahn
wartet nicht für mich.

„Ein Schiff wird kommen"
singt's vom offnen Cabrio
zur Aussicht aufs Meer.

Matthias Mala

Unter der Schneelast
Bricht ein dunkler Ast vom Baum
Erneute Stille.

Robert P. Martin

vor der hüft op
mutter und ich schauen
lets dance

schichtende
radeln unter dem großen
wagen

wahlniederlage
sie sucht die schuld
bei mir

liebesbriefe
nach der letzten glut
kehre ich die asche

Werner Martini

Im fallenden Blatt
schon die Gewissheit
kommenden Frühlings.

Ingrid Meinerts

Sichelmond
eine Fledermaus
bewegt das Morgengrau

Enkelbesuch
durch den Garten schweben
Seifenblasen

die vertraute Straße
und wissen
du bist nicht da

Sonnenflug
durchscheinend die Flügel
des Schwans

Ruth Karoline Mieger

Gemüsegarten
Großmutters leiser Bittgesang
beim Säen

Herbstnebel
sie rahmt ihr erstes Aquarell
Mandelblüten

heftiger Streit
langsam verschwimmt auch
der Magnolienbaum

Ruth Karoline Mieger

Kranichrufe
die Sandaletten
im Schrank verstauen

auf dem Friedhof
durch die Gebete des Pfarrers weht
Frühlingswind

Beisetzung
der Priester preist die Sternstunden
des Alkoholikers

Marktfrau
hinter einem Berg Süßkirschen
träumende Augen

Diethild Nibler

Mit leisem Rauschen
kam lang ersehnt der Regen
Die Katze flüchtet.

Eleonore Nickolay

erster Schnee
auf deinen Sarg fällt
Erde

Essen im Garten
er teilt sein Bier
mit den Schnecken

Spielplatz
die Kleinste mahnt die Geschwister
Zeit zum Gebet

Kardiologie
auch der Getränkeautomat
funktioniert nicht

Mailied
wir summen gemeinsam
die Fliege und ich

zurück im Chalet
ich bitte die Spinne
zu gehen

blaue Stunde
das Paar auf der Brücke
hält die Zeit an

positiv –
sie hängt den Traumfänger
ab

Eleonore Nickolay

ChatGTP
schreib mir
einen Liebesbrief

Schach matt
die Amsel im Garten
singt weiter

Lisa F. Oesterheld

zwischen Rechnungen
der schwarze Briefrand
und kein Absender

Familienalbum
wir stehen in Reih und Glied
auf vergilbten Seiten

Ludmilla Pettke

die vogelstimme
kurz vor dem schichtwechsel
leicht angeraut

die fahrt ins blaue
an der windschutzscheibe
eine wespe

speicherplatzwarnung
auf jedem foto bist du
bitte leeren

Jutta Petzold

in der Notaufnahme
der Getränkeautomat:
Außer Betrieb

Sonnenwendfeuer
Tanz der Glühwürmchen

Rudi Pfaller

Vesperläuten
Osterglocken
schwingen

Maximilian Pohl

Nasskalter Mittwoch
in der Dämmerung versinkt
die alte Kirche

Schnellfall über Nacht
zwischen Neubau und Abriss
rodelnde Kinder

Tihomir Popović

musikerhaus
aus dem badezimmer
die mikrotöne der zahnseide

café gelato giornali
der junge auf dem schoß
vertieft in vaters handy

im schatten des krans
leise singt
die weißdornblüte

René Possél

in der kirche
zwischen zwei liedern zwitschern
vom handy

zehntausend schritte
am ende dieses tages
lobt mich mein handy

abbau der krippe
könige und kamele
im selben karton

Willemina Preiß

Sonnenlicht –
auf jedem Wimpernhärchen
Farben des Regenbogens

Verfallenes Grab
doch unermüdlich erblühen
Herbstzeitlosen

Grabauflösung.
Nach dem Einsäen
ein frisches Mauseloch

Sonja Raab

roadtrip-träume
der schaum in der spüle
nur schaum

finsternis
am mittagstisch die kapseln
mit vitamin d

Monika Reinfurt

Kurkonzert
das Waldhorn klingt
heiser

die Kerzenflamme
so geschmeidig im Takt
der Tangomusik

sein Todestag
sie beschattet die Augen
vor der Märzsonne

bedeckter Himmel
im Rauschen des Regens
ruhig werden

am murmelnden Bachlauf
die Augen des Schäfers
eisblau

Bernd Reklies

Frisch gebrühter Tee
aus einer alten Tasse
Draußen fällt Schnee

Wolfgang Rödig

Wolkengebilde
ein Paradiesvogel
löst sich in Luft auf

Gartengestaltung
des Landschaftsgärtners Kritik
am Maulwurfshügel

Gartenarbeiter
unter Beaufsichtigung
eines Rotkehlchens

Streit ums Schäufelchen
erste Bewährungsprobe
für die Sandkastenfreundschaft

Peter Rohrbeck

Festung Dömitz
durch den Wassergraben
fliehen Wolken

Betonwüste
aufgebrochen zur Sonne
ein Löwenzahn

Doppelstern
der Tanz
der Kraniche

Cornelia Rossberg

Vergessener Schatz
ein Eichenschössling
auf dem englischen Rasen

Auf den Stufen
des Kriegerdenkmals sitzend
die Flüchtlinge

Reni Salzer

Postkarte –
die Fremde in
deiner Schrift

Frank Sauer

Industriebrache
hinter den Bahnschienen
unser Versteck

Herbstlaub
auf unserem Sommerbild
verblasst die Farbe

Libellenflug
glitzernd im Schilf
eine Seifenblase

Jörg Schaffelhofer

er grüßt mich nachts
augenzwinkernd im treppenhaus
der verstorbene nachbar

Birgit Schaldach-Helmlechner

frühlingsknospen
eine angelehnte tür
öffnet der märzwind

den heulenden wind
durchhuschen die schatten –
raunacht

extrasystolen –
will nicht mehr weiterschlagen
omas standuhr

hochzeitstag –
mein bote der maiwind
trägt pusteblumen

gefühlschaos –
wie die frühlingssonne sich
in fichten verfängt

sternschnuppenschauer
das kind
öffnet eine hand

Birgit Schaldach-Helmlechner

vogelzug
ein flüchtiger gedanke
an wiederkehr

mondsichel
auch ich
werde kleiner

Michael Rasmus Schernikau

Stracciatella!
Über die Tischkante schielt
der Dalmatiner.

Fliederblüten.
Die Pianistin spielt den
Sehnsuchtswalzer.

Tag der Einheit
An der Mauer zerfetzte
Wahlplakate

Ferragosto.
Zwischen Himmel und Erde
weiße Segel.

Patrick Schild

Sie lacht
doch als sie am Tee nippt
zittert die Tasse

Alter Mann
das Klackern seines Gehstocks
scheucht Krähen auf

Still er ist
alles
Kirschblütenfall

Elke Schlösser

gewendetes Heu
Duft des Kindheitssommers
an Großvaters Hand

Annika Carmen Schmidt

fürsorglich
formt er seinen pulli im bahnhof
zum hundebett

deutschstunde
das kind schaut aus dem fenster
und findet ein haiku

Benno Schmidt

alter spielplatz
die eichhörnchen
noch immer da

kinderbild
damals waren die wolken noch
blau

Angela Schmitt

gelbe Chrysanthemen – die Sonne verblasst

der Kirschzweig – geneigt von zarten Blüten

Hanami
mit dem Baum
schweigen

in dichten Nebel gehüllt – der Klang der Glocke

von Schnee bedeckte Felder – ruhend weit

spielt sich in die Stille, die Kleine – Stein um Stein

Kristoffer Schneider

Schnapp
Die Seifenblase verschwunden
Der Hund erstaunt

Dyrk-Olaf Schreiber

Raupe
aus dem Blatt
wächst eine Sonne

Sturzflug des Falken
kurz eine Wunde
im Blau des Mittags

aus dem Dächermeer
eine Schnur
hoch in den Wind

Zedernhain –
nach so vielen
teuren Seifen

abendlicher See
Lichtfraktale
ins Grübeln gestreut

die Schiebetür geht langsam auf
mehr und mehr Licht
in uns

Dyrk-Olaf Schreiber

Mondlicht.
Finde kein Wort für die Farbe
der Sonnenblumen.

beim Verneigen
sie zieht ein Glänzen nach
die Tuba

Helga Schulz Blank

Schneeflocken
tanzen
mit Kirschblüten

in der Kurklinik
zwischen den Gästen
lange Schatten

Waldkindergarten
Krähen krächzen
in das Streiten

heraustreten
aus dem Geäst
seiner Worte

auf der Lichtung
in meine Gedanken
ranken Brombeeren

Caféhausfenster
hinter der Zeitung versteckt
der Blick auf die Welt

Höhlenwanderung
wir lauschen dem Tropfen
der Zeit

das Stückchen Kork
im letzten Schluck Wein
eine Fliege

Feldpostbriefe
der letzte des Bündels
vom Kompaniechef

Spätherbst
seine Hand wirft im Schreiben
lange Schatten

im Singen
plötzlich wilde Freude
am Leben zu sein

neugeboren
zum ersten Mal betrachten
sich die Schwestern

abnehmender Mond
wieder ist er negativ
der Schwangerschaftstest

Marie-Luise Schulze Frenking

Apostelkirche
auf dem Dach warten
zwölf Störche

Requiem
hinter der Kirche rauchend
die Sargträger

Bahnhofsmission
der alte Mann verbeugt sich
vor dem Butterbrot

ohne Flügelschlag
kreist der Milan über ihm
Privatinsolvenz

Papierfischchen
sie leben
von seinen Texten

Pflaumenblütenduft
die Hand der jungen Frau
auf ihrem Bauch

Uschi Schwanse

kaum sichtbar
das Kohlekraftwerk
Herbstnebel

Regina Seelig

Vor den Pfingsttagen –
ein Besen fegt die Staubschicht
von Stolpersteinen.

Vorm Kaminfeuer
mit Holzscheiten erbaut sich
das Kleinkind die Welt.

Zwischen dem Gold
der Zaubernuss – so still
hockt die Amsel.

Der Besen kratzt
über Teerspalten, kurvt
um das Veilchen.

Angelica Seithe

Frühlingsmorgen –
die Lerche macht
den Himmel höher

der alte Mann
zieht seinen langen Schatten
Richtung Sonne

Februarfrühe –
eine Amsel wandelt
die Finsternis

Angelica Seithe

Urbi et Orbi
in der Tuba gespiegelt
der Petersdom

zum Rentnertreff –
am Seitenspiegel flattert
ein Spinnennetz

Frühlingswald –
er legt seine Flinte
ins Moos

Apfelbaumreihe –
am Morgen die Tuschezeichnung
der Äste im Schnee

mein kleiner Vortrag –
im Garten singt die Amsel
frei vom Blatt

Sommerfest –
das Mädchen mit dem Luftballon
hüpft heim im Regen

Springbrunnen –
zu Füßen der Nymphe
badet der Mond

ausrangiert –
der alte Bauer schläft
in der Sonne

Angelica Seithe

über den Dächern
Vögel wie Blätter
aufgewirbelt vom Wind

Gewitterregen –
an der Glastür plötzlich
ein Perlenvorhang

Georg C. Sindermann

Livekonzert –
vor mir die Wand
aus Handys

Martin Speier

ganz für sich
der klang des windspiels –
frühlingsmorgen

cocktailbar
die eisgekühlten blicke
der ex

Trennung
beim Abschied teilen wir uns
ein Taschentuch

Wies'n Flirt
beim Abschied zerbricht er
ihr Lebkuchenherz

Oans, zwoa, drei g'suffa
ein rosa Elefant fliegt
über das Bierzelt

Im Biergarten
das Baby kaut
an seinem großen Zeh

Er verspricht so viel
auf der Wiese
zwischen den Pusteblumen

Flugreise
zum Tomatensaft
im Bordprogramm ein Vampirfilm

Tränen beim Zwiebelschneiden
nur die Schluchzer
verraten sie

Tanztee
die Mauerblümchen
schon etwas verwelkt

Helga Stania

die nähe von blüte und tod – waldwildnis

was stille mit mir macht pflaumenblüte

am fluss der stille innere haut – fliegenfischer

blühende alp
ich betaste die wunde
einer lärche

das licht der trollblume – mondnacht

gesammelt in einem reiher – morgenstille

herbstwind ...
mich zurückziehen
ins sehen

waldbrand lodert
im blick der kuh

im innern
das echo eines tropfens ...
karst

jagdhörner im lärchenwald sonnentöne

klosterruine –
das aroma
wilder himbeeren

Helga Stania

langsam fährt er
sein totes ross davon –
der hasel blüht

kirschblütenblätter – ein grab möchte er nicht

licht noch auf den grannen des roggens ein leiser ton

metamorphit –
faltung meiner gedankenlandschaft

seine erinnerung nimmt er mit in die
                              dämmerung – feuerfalter

farne
sich entrollend
meine gedanken

still ...
wie sonne sich fädelt
durch lärchengeäst

von kirschblüten ein himmel – armenfriedhof

das rot an der grenze zur dunkelheit ein fuchs

Thomas Steiner

die herbstblätter
im frühling, die amsel
dreht jedes einzelne.

nachbars katze
auf meiner terrasse.
guten morgen!

sechs gänse
im gänsemarsch!
und dann: alles durcheinander.

Hubertus Thum

Sich fallen lassen
in den Kreislauf des Lichts
Wintersonnenwende

Unberührter Schnee
sein Knirschen
als er zertreten wird

Schnee
er hat die Form
der alten Kiefer

Plötzlich ein Laut
im duftenden Dunkel
hörst du den Schnee?

Tobias Tiefensee

hinterhofbrache
das kind säht
pusteblumen

am kutterhafen
das fischbrötchen belegt
mit möwenschatten

ein fischerboot
zieht einen schwarm möwen
den horizont entlang

nach dem sturm
durch das loch im dach
die sterne sehen

Angela Hilde Timm

Die Flamme der
Osterkerze leuchtet auf
beim Friedensgebet

Bei dieser Hitze
wird sie öfter neu gefüllt
die Vogeltränke

Am Heiligabend
das letzte Türchen öffnen
und ganz weit das Herz

Barbara Tischow

der Garten so still
die Kinder haben
die tote Amsel entdeckt

gewitterregen
der schutzengel will
mit unter den schirm

Ulrike Titelbach

wallendes wasser
in der herbstsonne badet
die ringelnatter

das bild der mutter
ein stiller see
langsam versinken

heabswind. vo unt hea
heasd de oidn dochschindln
a wengal scheewan

>   *die losen dachschindeln*
>   *im herbstwind*
>   *ein leises scheppern*

der korb mit wolle
mutter und tochter lösen
die alten knoten

Ulrike Titelbach

hed i ma nia dengd
und es foigd a kan logarütmus
wia du mi auschaust

> *vorausberechnungen zufolge*
> *vollkommen unwahrscheinlich*
> *dein zarter blick*

mit offenem mund
das stille weiß betrachten
schnee auf den lippen

Anna Vriede

Verschmolzen
Seine Hände werden
Zum Saxophon

Du bist Musik
vegetierst am Rand
meines Hörfelds

aufgehen
meinherzdiesonneeinekrokusblüte
er meint die hefe

auf der Bank Satzreihen lauschen
küsse Eukalyptusblätter
(nicht dich)

die Brise Hyazinthen
mein Zuhause ein Blumenladen

Elisabeth Weber-Strobel

Mieterhöhung
am Monatsende
Mutters Einbrennsuppe

im Friedwald
die Toten unter sich
unberührter Schnee

Krebstherapie
reglos unterm Strahlerkopf
draußen schmilzt der Schnee

Friedrich Winzer

Frühling
der Winter verschwindet
im Kleiderschrank

nach dem Streit
die schwarzen Kanäle
der Wimperntusche

Museum
am Fenster das Kunstwerk
einer Spinne

die Tonfolge
der Glasflaschen
im Container

overdressed
rauscht eine Dame vorbei
dann ihr Parfüm

Parkplatz
geräuschvoll entleert sich
ein Reisebus

Feierabend
das Kugelpendel
klickt weiter

gespiegelt
meine schlechte Laune
in ihrem Gesicht

ungestraft
die Grenzverletzung
der Wurzeln

zweiter Frühling
ein Oldtimer poliert
seinen Porsche

Hospiz
das Gewicht der Worte

Morgenbrise
eine Spinne schwingt
in den Tag

Friedrich Winzer

Museum
zwei Kinder schneiden Fratzen
vor Munch's Schrei

Polterabend
der helle Klang von
Omas Porzellan

Schneetreiben
der Nachrichtensprecher
verpixelt

Therapie …
die Klangschale gefüllt
mit Chips

Sonnenuhr
ein Junge vergleicht die Zeit
mit der Smartwatch

Fortissimo
am Geigenbogen flattert
ein Pferdehaar

alter Saal
unter meinen Schuhen
tanzt der Staub

Mühlenmuseum
in den Flügeln noch das Flüstern
aus früherer Zeit

Schweigeorden
die stummen Gespräche im
Gemüsegarten

Flusstransport
die *Esperanza* voll mit Schrott
ins neue Jahr

im Schaukelstuhl vor
dem digitalen Kamin
ein Schornsteinfeger

in ferner Fremde
auf einmal altvertraut
das Krähen eines Hahns

Ende Februar
erste Kranichrufe
über der Front

leichter und leiser
als der Fall der Schneeflocken
die Stille danach

Gartenrestaurant
unter der Stammkundschaft
ein Feldmäuschen

Marion Worf

versandeter Hafen
die Zeit schwappt weiter
wir an der Mole

Herbst in schweren Schuhen
durch den Wald schweben
Goldregentropfen

Birgit Zeller

Lichtrauschen
unterm Blätterdach.
Ich bin groß und klein zugleich.

Wunderkerze
Die Sterne vom Himmel geholt
an unseren Tisch

Romano Zeraschi

welcher Stern ist das?
Keine Sterne ...
Starlink-Zug

blaue Stunde
Rehe im Mondlicht ...
wartender Wolf

Romano Zeraschi

langes Tal
schwarze Herde im Flug ...
Krähen

Off-Link
Ich höre einer Zikade zu ...
tiefe Nacht

Udo Zielke

Früher Morgen
Rotweinlippen befeuchten
das leere Glas

Tan-Renga

Neumond
die Lücke am Tisch
wo Großmutter saß
vom Silberbesteck
fehlen die Messer

Michaela Kiock / Gabriele Hartmann

Sandelholz
wo wir uns trafen fällt
der letzte Vorhang
in deinen Augen
noch ein Funkeln

Gabriele Hartmann / Michaela Kiock

Fließendes Wasser
aus dem Klostergemäuer
Gesänge, dorisch.
Am grauverhangnen Himmel
schwarz, langsam kreisend, Geier.

Beate Conrad / Horst Ludwig

Das Haiku-Jahr

Bücher

Die Suche nach „Haiku 2023" ergab bei der Deutschen Nationalbibliothek 103 Einträge, nach genauer Durchsicht und Streichung englischsprachiger Bücher sowie verschiedener Ausgaben desselben Buchs blieben 50 übrig, darunter einige Wiederauflagen. Fast alle sind bei Kleinverlagen oder im Eigenverlag erschienen.

Die Deutsche Haiku-Gesellschaft (DHG) hat vier Ausgaben ihrer Vierteljahresschrift veröffentlicht („Sommergras", Ausgaben 140-143). Mitglieder der DHG können im Netz alle seit Ausgabe 60 (März 2003) erschienenen Hefte als pdf laden.

Einiges Neue gab es 2023 beim Rotkiefer Verlag, Berlin, Netzpräsenz: www.rotkiefer-verlag.de/

Das Haiku-Jahrbuch 2022 („Temperatursturz") erschien April 2023 mit 644 Haiku von 133 Autoren.

Das Netz

2023 waren folgende Projekte aktiv:

Deutsche Haiku-Gesellschaft (DHG): Dachverband mit etwa 300 Mitgliedern, gegründet 1988. Die Zeitschrift „Sommergras" erscheint vierteljährlich als gedrucktes Heft und als eBuch. Für die Zeitschrift können Haiku und Tanka eingeschickt werden, eine Auswahl davon erscheint im Heft und ist außerdem online zu lesen. Ausgewählte Artikel sind online frei zugänglich. Mitglieder können im Forum online Haiku besprechen, außerdem gibt es ein monatliches Treffen zur Haiku-Besprechung über Zoom. Netzadresse: haiku.de

Haiku heute: Monatsauswahlen, Jahrbuch, Seiten zu Theorie und Praxis des Haiku, gegründet 2003, verantwortet von Volker Friebel. Die pdf-Dateien aller erschienenen Jahrbücher sind frei zugänglich. 2023 wurde zum fünften Mal ein Haiku-Preis vergeben.
Netzadresse: www.haiku-heute.de

Chrysanthemum: Gegründet 2007 von Dietmar Tauchner, aktuell weitergeführt von Beate Conrad und Klaus-Dieter Wirth. Das Magazin erscheint zwei Mal jährlich als pdf-Datei.
Netzadresse: www.chrysanthemum-haiku.net/de

Kukai 24: Stefan Wolfschütz führte bis Juni 2023 monatlich ein Kukai durch. Seitdem ruht das Projekt.
Netzadresse: kukai24.de

Die **Österreichische Haiku-Gesellschaft** (etwa 60 Mitglieder) betreibt eine Netzpräsenz und gibt einmal jährlich eine Zeitschrift heraus.
Netzadresse: oesterr-haikuges.at

Es gibt eine geschlossene Facebook-Gruppe, **Haiku-like**, mit den Administratoren Sonja Raab, Simone K. Busch und Ralf Bröker. Wer die Beiträge sehen und teilnehmen möchte, kann sich einladen lassen. Ein öffentlicher Ableger von Haiku-like ist die Haiku-Bühne auf Facebook, 2023 aber ohne neue Beiträge: www.facebook.com/haikubuehne

Eine Übersicht weiterer aktueller und archivierter Haiku-Projekte in deutscher Sprache:
www.haiku-heute.de/archiv/haiku-projekte

Eine gelegentlich aktualisierte Liste von internationalen (englischen) Zeitschriften und Ausschreibungen zum Haiku bietet Claudia Brefeld:
www.artgerecht-und-ungebunden.de/Haiku-aktuell.htm

Zur Verbindung von Haiku und Bildern gab es 2023, neben den schon erwähnten Haiku-Präsenzen, drei spezielle Einreichseiten:

Haiga im Focus: Monatlich erscheinende Haiga-Auswahl von Claudia Brefeld.
Netzadresse:
www.claudiabrefeld.de/Haiga-im-Focus.htm

AHaiga: Haiga-Portal von Helga Stania, wird vierteljährlich aktualisiert.
Netzadresse: www.ahaiga.ch

Fotohaiku: Martina Sylvia Khamphasith und Diethelm Kaminski veröffentlichen jeden Monat ein Foto, zu dem Haiku eingereicht werden können.
Netzadresse: www.fotohaiku.com

Autoren

Abendroth, Elena, *1954, Rottach-Egern. Veröffentlichungen mit Georg Seibt: Gedichte der Achtsamkeit – der Haiku Weg, 2022. Zwischentraum – Lyrik der Leidenschaft, 2023. www.samatha.eu

Bacher, Sylvia, *1945 in Wien. Studierte Geschichte, Französisch, Leibeserziehung, dann Medizin. Vorstandsmitglied der Österreichischen Haiku Gesellschaft, bei Ö.D.A., Stelzhamerbund und der Gruppe 48. Veröffentlichungen in Periodika und Anthologien. Hrsg., übers.: „Afriku – Vienna meets Africa – Haiku", ÖHG, Wien 2019; Letzte Publikation: „Haiku im Nebel des Verbrechens. Beschauliche Augenblicke", ÖHG, Wien 2023. www.ba-sil.at

Bagdahn, Marita, *1957, lebt in Bonn; freiberufliche Poesiepädagogin und Autorin; zwei Bücher mit Kurzprosa; diverse Veröffentlichungen in Anthologien (Lyrik, Kurzprosa, Aphorismen) und in literarischen Publikationen; Fachartikel für Autor*innen; diverse Auszeichnungen (Lyrik und Prosa).

Bautz, Sonja, lebt in Greiz (Thüringen).

Beau, Christa, *1948 in Halle (Saale), lebt in Halle (Saale), ehemalige Kinderkrankenschwester, jetzt Rentnerin, 6 Jahre Vorstandsmitglied der DHG (Schriftführer, 2. Vorsitzende), seit 2000 Leiterin der Hallenser Haikugruppe, Mitglied des Pelikan e.V., Autorin, zahlreiche Veröffentlichungen, so die Bücher „Schaumblasen knistern", epubli, sowie „Fotohaiku – Haiku", dorise-Verlag. www.christa-beau.de

Behrens, Daniel, *1969, wohnt in Rzeszow (Polen). Buchrestaurator, Maler, Lyriker.

Berner, Martin, *1948, wohnt in Frankfurt am Main, 2003-2009 Vorsitzender der Deutschen Haiku-Gesellschaft. Cvet Srobota – Clematis Blossom – Clematisblüte. 2007, Društvo Apokalipsa, Ljubljana (Slowenien). Klangschalenton. 2022, Rotkiefer-Verlag, Berlin.

Beutke, Wolfgang, wohnt in der Nähe von Hamburg.

Beylich, Eva, *1957, Tübingen. Philologin, Künstlerin.

Blumentrath, Christof, *1956, gärtnert, fotografiert, liest, lebt in Borken/Westmünsterland.

Bouter, Adrian, lebt und arbeitet im „grünen Herzen von Holland". In seiner Freizeit, wenn er nicht gerade schreibt, fährt er am liebsten mit dem Rad durchs Land.

Brefeld, Claudia, *1956 in Gronau (Münsterland), lebt in Bochum, schreibt Aphorismen und Haiku, nimmt an Kettendichtungen teil. Veröffentlichungen in – auch internationalen – Anthologien und Zeitschriften. Mehrere Haiku-Preise. Sie ist der Natur mit der Kamera auf der Spur und gestaltet Sinnbilder und Haiga. Zwischen 2007 und 2019 im Vorstand der DHG (2. Vorsitzende: 2009-2015). „Spiegelungen – Abstrakte Harmonien und Haiku" mit Horst Rosenberger, Gerd Börner, Horst-Oliver Buchholz (2019) und „Windböen und Schattenkühle – Haiga und Tan-Renga" mit Traude Veran (2024). Eigene Netzpräsenz, darauf auch das Projekt Haiga im Focus.

Brink, Brigitte ten, *1949 im Emsland, lebt, schreibt und fotografiert seit 1979 in Konstanz.

Bröker, Ralf, *1968, Ochtrup – schreibt und veröffentlicht Haiku, Tanka und Haibun auf Deutsch und Englisch. Organisiert die Facebook-Gruppe haiku-like, ist Mitglied der UHTS. Lyrikbuch „Kreischen der Kreide/the Screech of Chalk" (2021).

Brückner, Heiner, *1949. Kurzgeschichten, Lyrik in Literaturmagazinen und Anthologien. Einzelveröffentlichungen. Augenblitze. Dreizeilen-Lyrik Haiku/Senryu. BoD, 2023. heinerbrueckner.jimdofree.com/

Buchholz, Horst-Oliver, geboren in Herford/Westfalen, lebt heute im Rhein-Main-Gebiet. Studierte Sprach- und Literaturwissenschaft sowie Geschichte in Göttingen und Mainz. Ausbildung zum Redakteur. Schrieb für Tageszeitungen, Journale und Hörfunk. Seit 2003 im Bereich Kommunikation bei Industrieunternehmen. Vorstandsmitglied der Deutschen Haiku-Gesellschaft. Veröffentlichungen in Anthologien und Jahrbüchern. „Gesplitterte Zeit – Haiku und Haibun" (2019), „Lichtwechsel – 52 Tan Renga" (mit Eleonore Nickolay, 2022), „Fließende Himmel" (2022).

Bucifal, Stefanie, *1983, Studienberaterin aus Konstanz, schreibt Lyrik auf Deutsch und Englisch, zahlreiche ihrer Haiku und Tanka wurden in internationalen Anthologien und Literaturzeitschriften von Deutschland bis Down Under veröffentlicht und haben Auszeichnungen gewonnen, ihre Gedichte und Haiku wurden im öffentlichen Raum ausgestellt und vom Japanischen Generalkonsulat getwittert.

Büerken, Pitt, *1945, lebt in Münster. Er schreibt Gedichte, Erzählungen, Haiku/Senryu, Tanka/Kyoka, Haibun/Tankaprosa sowie in jüngerer Zeit auch Cherita, Gembun und Dua. Veröffentlichungen in internationalen Zeitschriften und Anthologien. Zwei Haiku-Bücher.

Buschmann, Gabi, *1953 in Wiesbaden, lebt in Niederseelbach im Taunus. Sie ist passionierte Makrofotografin. Gedichte schreibt sie schon länger, Haiku seit 2016, unterstützt vom Haiku-Workshop Wiesbaden.

Cesaro, Ingo, *1941, lebt als Schriftsteller, Herausgeber, Handpressendrucker, mail-art-Artist und Galerist in Kronach. Weit über 400 Einzelveröffentlichungen; Mitarbeit an über 500 Anthologien; Herausgeber von beinahe 200 Editionen in der NEUEN CRANACH PRESSE KRONACH, u.a. die jährlichen internationalen Anthologien seit 25 Jahren. Organisiert nachhaltige Haiku-Projekte an Schulen und Universitäten im In- und Ausland, jeweils verbunden mit einer Setz- und Druckwerkstatt. Organisiert internationale Kunst- und Literaturprojekte. „Kronach/Bayern – Hauptstadt der Poesie – tausend Haiku für eine Stadt"; „900 Haiku für Schwabach – und kein bisschen alt". Auszeichnungen, z.B. Künstler der Metropol Nürnberg; Kulturpreis der Oberfrankenstiftung. Mitglied in zahlreichen Gesellschaften. www.ingo-cesaro.de

Conrad, Beate, lebt, arbeitet und schreibt in Hildesheim. Mehrere Preise für Haiku und Haiga. Sie beschäftigt sich mit der Strukturanalyse von Haiku, Tanka und verwandten Formen. Seit Mai 2012 gibt sie das Internationale Haiku-Magazin Chrysanthemum heraus.

Čordašević, Zorka, *1951 in Modran (Bijeljina, Republik Srpska). Abschluss der Höheren Tourismusschule. Sie lebt in Frankfurt am Main, schreibt Gedichte, Haiku und Geschichten für Kinder und Erwachsene und ist in Anthologien vertreten. Einige eigene Bücher.

Daneva, Maya, promovierte Informatikerin, unterrichtet Wirtschaftsinformatik. Lebte lange in Kanada, heute wohnhaft in den Niederlanden. Schreibt und veröffentlicht in Englisch, Deutsch, Französisch und Bulgarisch.

Dellbrügge, Reinhard, *1952, lebt in Steinfurt. Schreibt Gedichte (vor allem Haiku), Aphorismen, Kurzprosa, Rezensionen und Essays. Veröffentlichungen u.a. in Zeitschriften, Anthologien und Jahrbüchern.

Dietrich, Frank, *1976 in Berlin, lebt und arbeitet in Düsseldorf als Lehrbeauftragter. Studierte Anglistik und Amerikanistik mit einer Masterarbeit über das amerikanische Haiku.

Dohrendorf, Hildegard, *1951, malt und schreibt in Schleswig-Holstein.

Duncan, Bernadette, *1965, lebt bei Rottweil. Buch: „zum graureiher verdichtet" (Haiku aus zwölf Jahren), 2020.

Fillhardt, Hartmut, *1961 am Oberrhein. Zen-Bogenschütze und Koch, lebt heute im Rheingau. Nach Informatikstudium und -projektarbeit mehrere Jahre als freiberuflicher Geschichtenerzähler, inzwischen auch als Schriftsteller, Illustrator, Herausgeber und Leiter von Schreibwerkstätten. Veröffentlicht Lyrik und Prosa in Standardhochdeutsch, Mundart und Englisch. www.goldschiffel.de

Fischer, Petra, *1954 in Schleswig, lebt in Nordfriesland.

Förster, Gerda, *1947 in Bochum, wohnt in Nijmegen (Niederlande). Bildende Künstlerin.

Freimann, Christiane Friederike, *1961, lebt in Zweibrücken/Pfalz, unterrichtete Biologie und Chemie, nun im Ruhegenuss, verdichtet Linien und Wörter, liebt Pflanzen.

Friebel, Volker, *1956 in Holzgerlingen, lebt in Tübingen. Psychologie-Studium, Promotion. Ausbildungsleiter, Schriftsteller, Musiker, Bildermacher. 2005-2013

Schriftführer der Deutschen Haiku-Gesellschaft. Gründer und Betreiber von „Haiku heute". Viele Veröffentlichungen, so „Mitten im Schrei" (2023, Haiku) sowie „Wale", (2024, Audio-Album mit Liedern). www.volker-friebel.de/fluten-log

Gaćina, Ivan, *1981 in Zadar, lebt in Zadar (Kroatien). Schreibt Lyrik und Kurzprosa; diverse Veröffentlichungen in Anthologien (Lyrik, Kurzprosa, Aphorismen) und in literarischen Publikationen; diverse Auszeichnungen (Lyrik, Kurzprosa, Aphorismen).

Gebell, Dieter, 1956 in München geboren, zur Schule gegangen, an der LMU studiert, nach der Hochzeit aufs Land gegangen und vier Kinder großgezogen.

Gorfer, Helga Maria, *1958 aus Südtirol/Italien. Sie schreibt Haiku seit 2020. Ihre Gedichte werden in ihrer Heimat monatlich in einer lokalen Zeitschrift abgedruckt und in Bibliotheken ausgestellt; Veröffentlichungen in deutschen Magazinen, Kalendarien und Anthologien sowie in japanischen Haiku-Zeitschriften.

Groth, Alexander, *1997, wohnt in Mecklenburg-Vorpommern.

Guggenmos-Walter, Ruth, *1959, lebt und arbeitet freiberuflich in Irsee im Allgäu. Ausbildung zur Silberschmiedin.

Gysel, Matthias, *1962, wohnhaft in Richterswil, Schweiz. Tätig als Berater, Jugend- und Hypnosystemischer Coach. Autor von Texten, Kurzgeschichten und Theaterstücken für Laientheatergruppen. Schweizer Arbeiterliteraturpreis 1991. Buch: „Laub und Haut", Haiku und Gedichte, Poesie 21, Anton G. Leitner Verlag, Juni 2022. haiku-mgy.ch

Haijin, Taiki, Steuerberater und Mediator, lebt seit dem Jahr 2000 in Wiesbaden. 1998-2005 Expeditionen nach Skandinavien und zu den Orkaden, Durchfahrt der Barrapassage. Mitglied der Deutschen Gesellschaft für Polarforschung. Buch: „Orangenschalen – Siebenundsiebzig Haiku", 2021.

Hansson, Claus, *1962 in Bordesholm, wohnt in Fargau am Selenter See. Studium der Ingenieurs- und Wirtschaftswissenschaften. Selbstständiger Massage-

und Wellnesstherapeut, Shiatsu-Praktiker, Reiki-Meister. Trainer Karate: Inhaber 5. DAN Schwarzgurt. Zen-Kreis Kiel.

Hartmann, Gabriele, Höchstenbach, malt & fotografiert, schreibt & verlegt. Aktuelles Buch „blaue Stunde", Haiku 2023, im eigenen Verlag: bon-say.de

Hartmann, Georges, *1950, Höchstenbach, schreibt & fotografiert. Neuestes Buch: Verbrüderung – Gedankenreisen, bon-say-verlag

Hartmann, Sylvia, *1959; Studium der Theologie in Wuppertal und Bonn; Promotionsstudium in Basel; Gemeindepfarrerin und Krankenhausseelsorgerin in Wuppertal; Autorin.

Heid, Birgit, *1961, aufgewachsen in Nürnberg, lebt in Landau/Pfalz. 1. Vorsitzende des Literarischen Vereins der Pfalz und Autorengruppenleiterin, Mitglied im Schriftstellerverband. Schreibt Lyrik und Prosa. Eigene Buchveröffentlichungen, zahlreiche Anthologiebeiträge. Veranstaltet Lesungen und literarische Gruppenevents.

Hölz, Wolfgang, *1937, lebt in Gräfelfing bei München, genießt den Ruhestand und freut sich, wenn ihm zuweilen ein Haiku gelingt.

Hövel, Christian, *1969, Berlin, Krankenpfleger in der Psychiatrie.

Holtz, Anke, *1971, geboren und aufgewachsen an der Ostsee, seit 1995 im Schwäbischen heimisch, Stadtbaumeisterin.

Holweger, Angelika, *1954, lebt in einem Dorf zwischen Neckar und Schwäbischer Alb. Ihre künstlerische Tätigkeit umfasst Malerei, Holzschnitt und Fotografie. Sie ist Mitglied beim Kunsttreff Dietingen und singt in einer Gregorianikgruppe.

Ishikawa-Franke, Saskia, *1941 in Freiburg im Breisgau, lebt in Otsushi, Shiga-Provinz, Japan. 1973 Dr. phil. (Kunstgeschichte, Archäologie, Philosophie). Über 30 Jahre Lehrtätigkeit, Sprache, Literatur und kreatives Schreiben, u.a. Dada-beeinflußt und Haiku, an Japanischen Universitäten. 2012 Initiatorin des landesweiten Haikuwettbewerbs in Japan für Gymnasiasten/innen und Studenten/innen: Haiku auf

Deutsch. Mitarbeit an verschiedenen Anthologien, am „Sommergras" und in einem japanischen Renkukreis. Übersetzung von drei Renku mit einem japanischen Germanisten. Drei selbstständige Haikubücher und eines in Zusammenarbeit mit Christa Wächtler.

Jacobson, Ilse, *1935 in Meinerzhagen, lebt in Mössingen. Bis 2002 tätig als Diplom-Sozialpädagogin Vorschul- und Sonderschulpädagogik.

Jung, Rüdiger, *1961 im Westerwald. Kur-, Klinik- und Altenheimseelsorger einer evangelischen Kirchengemeinde in Mittelhessen. 1989 Haiku-Preis zum Eulenwinkel. Zwei Haiku-Bücher.

Kähler-Timm, Hilde, *1947 in Holstein, lebt in Travemünde. Dipl.-Bibliothekarin, Studium der Germanistik und Kunstgeschichte. Kinder- und Jugendbuchautorin, Leiterin von Schreibwerkstätten. Aufsätze und Monographien zur Kulturgeschichte Schleswig-Holsteins.

Karl-Brandt, Deborah, *1981, lebt in Bonn. Studium der Frühgeschichtlichen Archäologie, Religionswissenschaft und Geographie. Anschließend Promotion in der Abteilung für Skandinavische Sprachen und Literaturen an der Universität Bonn. Schreibt Haiku, sowie Gedichte in freier Form. Beiträge in Anthologien, Jahrbüchern, Zeitschriften.

Kiock, Michaela, *1967, wohnt in Köln, Studium der Japanologie in Köln.

Klopsch, Anett, *1968, lebt in Norddeutschland, Veröffentlichungen in Zeitschriften, Jahrbüchern und Anthologien, schreibt, malt, fotografiert.

Knütter, Oliver Kai, *1971, lebt in Reichertshofen. *text-und-sein.jimdofree.com*

Kofler, Gunter, *1946 in Leonberg. Lebt in Esslingen am Neckar.

Krebs, Gérard, *1946 in Bern (Schweiz), lebt in Helsinki. Schriftsteller. Privatdozent (Literatur und Kultur der Schweiz). Diverse Buchveröffentlichungen sowie drei Haiku-Bändchen. Zahlreiche Haiku-Veröffentlichungen vor allem in Deutsch und Englisch in Zeitschriften und Anthologien verschiedener Länder.

Krissel, Tobias, *1977, lebt in Kelkheim am Taunus, studierte Gesellschaftswissenschaften sowie Amerikanische Literatur und Literaturwissenschaft in Frankfurt am Main. Haiku und Musik.

Kunz, Marianne, *1956, lebt in Tübingen.

Lange, Moritz Wulf, *1971 in Hamburg, lebt als freier Autor in Hamburg. Daneben ist er Ikebanalehrer der Sogetsu-Schule (Tokyo). moritz-wulf-lange.de

Lauer, Chris, *1995 in Luxemburg. Sie studierte Germanistik und Soziologie in Freiburg i. Br. und arbeitet nun als Journalistin. 2023 war sie Finalistin des Hanns-Meinke-Preises. Sie nahm an Lesungen in Deutschland, Luxemburg und Litauen teil und veröffentlichte in Literaturzeitschriften, auf Literaturplattformen und Anthologien. Ihr lyrisches Debüt „Gut verräumte Sternschnuppen" erschien 2023 im Limbus Verlag. 2024 wurde sie für den Prix Servais nominiert.

Limbach, Eva, lebt und arbeitet in Saarbrücken an der Grenze zu Frankreich. Seit 2012 schreibt sie Haiku, Senryu, Haibun und Tanka in Deutsch und in Englisch. Mare Tranquillitatis: evamaria-limbach2.blogspot.com

Linke, Ramona, *1960 im Mansfeldischen, lebt in Salzatal/Beesenstedt, nahe der Lutherstadt Eisleben.

Löbling, Ingrid, *1940, lebt in Halle, Mitglied der Hallenser Haikugruppe.

Ludwig, Horst, *1936 in Ritterswalde, Oberschlesien, lehrte lange am Gustavus Adolphus College in den USA, emeritiert seit 2012, lebt jetzt in der Seattle-Metropole. Mitarbeit im Pegnesischen Blumenorden von 1644, in Haiku-Gesellschaften verschiedener Länder und in literarischen und sprachwissenschaftlichen Vereinigungen. 1993 Robert-L.-Kahn-(Lyrik-)Preis; mehrere Preise für Haiku und Tanka. Besonders interessiert am Haiku als sprachlichem Kunstwerk und dessen Analyse.

Mala, Matthias, *1950 in München, Schriftsteller und Kunstmaler, lebt in München. mala.eu

Martin, Robert Patrick, *1968 in Mannheim, lebt als freier Autor an der Ostsee (Romane, Sachtexte, Gedichte, Kurzgeschichten). Studium an der Hochschule der Polizei Baden-Württemberg. 2019 ausgestiegen, seither

Künstler (Holzobjekte, Schwarz-Weiß Fotografie, Kunst aus Abfall etc.). Bücher: „Haiku – Mäuse im Ohr" (2022) und 2023 die Trilogie „Aufwärts", „"Seitwärts", „Abwärts" (Gedichte, 2023). www.robert-patrick-martin.de

Martini, Werner.

Meinerts, Ingrid, *1951, lebt in Bremen, schreibt Haiku und anderes.

Mieger, Ruth Karoline, *1946, lebt in Wiesbaden.

Nibler, Diethild.

Nickolay, Eleonore, *1957 in Koblenz. Lebt in der Nähe von Paris. Haiku und Haiga seit 2013 in Deutsch, Französisch und Englisch. Mitglied der „Association Francophone de Haïku", im Vorstand der Deutschen Haiku-Gesellschaft, Mitarbeiterin in den Redaktionen der Vierteljahresschriften „Sommergras" und „Gong".

Oesterheld, Lisa F., *1957, lebt in Vechta; Seelsorgerin i. R., Kursleiterin und Autorin; Gedichtbände u.a. „Hymne ans Leben" (2019), „Gottesschimmer" (2016). www.lisaoesterheld.de

Pettke, Ludmilla.

Petzold, Jutta, *1953 in Hildesheim, lebt in Braunschweig. Lehramtsstudium, Ausbildung in Poesietherapie und Biografiearbeit. Seit ihrer Jugend schreibt sie gerne, vor allem Lyrik. Veröffentlichungen von Haiku, Lyrik und Sachtexten in Zeitschriften, Anthologien und im Internet. Mitglied der AG Literatur der Braunschweigischen Landschaft e.V.

Pfaller, Rudi, *1949, pensionierter Lehrer, lebt in Remshalden.

Pohl, Maximilian, *1996. Aus Mühlhausen in Thüringen. Projektmanager/Planer von Trassenprojekten. Bachelor in Architektur und Master in Erneuerbare Energien Management.

Popović, Tihomir, *1974 in Belgrad. Professor für Musikgeschichte und Musiktheorie, lehrt und forscht in Luzern und Hannover. Bücher und Artikel zur Musik vom 9. bis zum 20. Jahrhundert. Schreibt Lyrik und Haiku auf Deutsch, schrieb früher auch Reiseberichte und Kindergeschichten auf Serbisch. Seit 2022 regelmäßig

Autor am Lyrik-Projekt „Der goldene Fisch": der-goldene-fisch.de/ping/author/88tihomir/

Possél, René, *1949 im Ruhrgebiet, wohnt am Rand des Odenwaldes. Studium der Philosophie und Katholischen Theologie; Trauerredner und Wortsteller, verfasst Nekrologe, hält ökumenische Predigten und Vorträge.

Preiß, Willemina, *1953 in Holland geboren. Lebt seit 2003 in Coburg. Seit 2017 eingebürgert. Absolvierte Fernkurse (Prosa, Gedichte). Schreibt Kurzgeschichten, Haiku und Senryu und ab und zu ein Sonett.

Raab, Sonja, *1975 im Ybbstal/Niederösterreich. Schamanin, Kolumnistin und freie Autorin, mehrere Bücher. „Woman Award" für soziales Engagement, Ehrung von Amnesty International, Löwenherz-Preis durch das Land Niederösterreich.

Reinfurt, Monika, *1955, lebt in Stuttgart, Veröffentlichungen in Anthologien, seit 2010 Bloggerin von Lyrik und Kurzprosa unter resignative-reife.blogspot.com/

Reklies, Bernd, *1955, Studium der Informatik, lebt in Schönberg (Holstein). 1984 erste Begegnung mit Haiku. Veröffentlichungen von Haiku in Zeitschriften, Anthologien, Plakatwänden und im Internet.

Rödig, Wolfgang, *1965 in Straubing, lebt in Mitterfels. Veröffentlichung von etwa 800 literarischen Kurztexten in diversen Anthologien, Literaturzeitschriften, Tageszeitungen, Kalendern und Magazinen.

Rohrbeck, Peter, *1964 in Wolfsburg, lebt in Gifhorn, Feinblechner und begeisterter Tierfotograf.

Rossberg, Cornelia, *1953 in Aue im Erzgebirge. Lebt in Coburg (Oberfranken). Veröffentlichungen von Haiku und Kurzgeschichten in Anthologien. 2023 erreichte sie den 5. Platz des Fujisan Award Wettbewerb, einem internationalen Tanka Wettbewerb in Japan, und damit einen „excellent award".

Salzer, Reni, *1984 in Potsdam, kaufmännische Assistentin, lebt mit Familie im Erzgebirge auf einem Bauernhof nah an der Natur.

Sauer, Frank, *1952 in Perleberg, lebt in Wolfenbüttel und arbeitete als Verlagslektor in Braunschweig. Malt, fotografiert und schreibt Gedichte, Haiku, Kurzprosa.

Beiträge in Anthologien und Zeitschriften. Bücher: „Skizzen im Gegenlicht" (Lyrik, BoD, 2021), „WinterPark" (Haiku/Haibun, Rotkiefer, 2022).

Schaffelhofer, Jörg, *1959 in Marl/NRW, lebt in Südhessen und arbeitet im IT-Bereich einer Bank. Er schreibt Haiku und andere Kurzlyrik sowie Kurzprosa. Gedichtband „Mein Leben schreibt melancholisch" (2020). Ein Band mit Kurzprosa ist in Arbeit.

Schaldach-Helmlechner, Birgit, *1961, lebt und arbeitet in Schlüchtern.

Schernikau, Michael Rasmus, *1985 in Nürnberg, lebt in Bad Tölz. Studierte Italienisch und Germanistik (Promotion 2012). Schriftsteller. Zuletzt erschien „... im Herzen jedoch das Grün des nächsten Sommers. Gedichte", 2022.

Schild, Patrick.

Schlösser, Elke, *1954, Eschweiler, Diplom-Sozialarbeiterin, Weiterbildungsreferentin, pädagogische Fachbuchautorin. „Aphorismen, heilende Worte in einem Satz". Bernardus Verlag. 2015. Mitglied der Internationalen-Hermann-Hesse-Gesellschaft.

Schmidt, Annika Carmen, *1979 in der Wesermarsch. Lyrikerin, veröffentlichte zahlreiche Gedichte, Interviews und Essays zu Kunst, Kultur und Literatur in Anthologien, Zeitschriften & Radiosendungen, ist Mitglied im Verband deutscher Schriftstellerinnen und Schriftsteller in ver.di und wohnt im Wedding.

Schmidt, Benno, *1964, lebt im Münsterland in der Nähe des Ruhrgebiets, schreibt gelegentlich Haiku, Senryu und andere Mikrogedichte.

Schmitt, Angela, *1955 in München, lebt in der Südpfalz, Studium Pädagogik und Kunsterziehung, Lehrerin i. R., 2023 Texte in Haiku heute, Sommergras, Haiku International, Haiga im Focus.

Schneider, Kristoffer.

Schreiber, Dyrk-Olaf, *1954, Germanistikstudium (M.A.), kaufmännische Ausbildung, im Ruhestand; schreibt hauptsächlich Lyrik, kurze Prosa, aber auch Haiku und Tanka; viele Veröffentlichungen in Gedichtesammlungen.

Schulz Blank, Helga, *1948, wohnhaft in Esslingen / Neckar, Sozialpädagogin, schreibt Haiku und Gedichte.

Schulze Frenking, Marie-Luise, *1960, wuchs im Münsterland auf und lebt mit ihrer Familie in der Nähe von München.

Schwanse, Uschi, *1941, lebt in Halle, ist Mitglied der Hallenser Haikugruppe.

Seelig, Regina, *1944 am Kaiserstuhl, lebt heute in Grafing b. München. Mitglied im Haiku-Kreis der Deutsch-Japanischen Gesellschaft in Bayern. Mit diesem mehrere Veröffentlichungen.

Seithe, Angelica, *1945 in Bad Lauterberg, lebt im Kreis Gießen und in München. Psychologische Psychotherapeutin, Dozentin. Zahlreiche Veröffentlichungen in Zeitschriften und Anthologien. Neun Lyrikbücher, zuletzt erschienen: „Im Schatten der Äpfel" (2016) und „Solange wir bleiben im Licht" (2020), beide in der edition offenes feld. Mehrere Auszeichnungen bei Wettbewerben sowohl für Lyrik als auch für Haiku. www.angelica-seithe.de

Sindermann, Georg C., *1958, lebt in Hessen. Wirtschaftswissenschaftler, Coach und Autor.

Speier, Martin, *1962, lebt auf dem Land in Bayern und arbeitet in einer Klinik.

Spies, Claudia von, *1958, lebt in München, schreibt und malt. Sie ist Märchen- und Geschichtenerzählerin für Erwachsene. Ihre große Leidenschaft ist das Tanzen, besonders Tango Argentino.

Stania, Helga, geboren in Siegen, Studienabschluss in Biologie, Geographie, Pädagogik; Lehramtstätigkeit; lebt seit 1990 in der Schweiz; Haiku, Tanka, Haiga, Haibun und Kettengedichte. Buch: Steinglyphen und Traumlogik (2024). ahaiga.ch

Steiner, Thomas, *1961 bei Reutte/Tirol, lebt in Neu-Ulm. Physiker, Fachübersetzer. Schreibt Haiku und andere Gedichte. Drei Buchveröffentlichungen.

Thum, Hubertus, lebt in der Nähe von Hannover. *www.haikuscope.de*

Tiefensee, Tobias, *1984, beschäftigt sich seit 2017 mit dem Haiku. Er schreibt auch andere lyrische Texte und Kurzprosa. Lebt und arbeitet in Bremerhaven.

Timm, Angela Hilde, *1964 in Hamburg, lebt bei Stade. Schreibt seit ihrer Kindheit. In den 80ern Fremdsprachensekretärin in Frankreich. Geschenkband „Glaubens-Bilder - christliche Texte" (2010). Fernstudium Kunstgeschichte. Mitglied der GZL.

Tischow, Barbara, *1954, wohnt in Jena, Diplommathematikerin, jetzt Rentnerin, Autorin, Kurzprosa, Gedichte, etliche Veröffentlichungen in Anthologien, Preise bei Schreibwettbewerben.

Titelbach, Ulrike, *1971, lebt in Wien. Sie ist Autorin, Herausgeberin sowie promovierte Germanistin und unterrichtet am Institut für Deutsche Philologie der Universität Wien (u.a. Literatur und Kreatives Schreiben). 2021 wurde in der edition offenes feld ihr erster Lyrikband „Fragile Umarmungen" publiziert. „Nachtschatten im Frauenhaarmoos. Phytopoetische Dialoge" (gemeinsam mit Sofie Morin) erscheint 2024 in der Edition Melos. Für ihre literarische Arbeit erhielt die Autorin mehrere Preise und Stipendien, zuletzt den Feldkircher Lyrikpreis 2023.

Vriede, Anna, *2003, lebt und studiert in Leipzig. Schreibt Haiku und Kurzprosa, experimentiert mit Kunst und Sprache.

Weber-Strobel, Elisabeth, *1955, lebt in Heidenheim, sie ist von Beruf MTRA, liebt Literatur und beschäftigt sich mit Haiku.

Winzer, Friedrich, *1941 in Marburg/Lahn, lebt im hessischen Biedenkopf-Breidenstein, war früher Drogist, staatlich geprüfter Schwimmmeister und Augenoptiker.

Wirth, Klaus-Dieter, *1940, lebt in Viersen am Niederrhein bzw. im Weindorf Burg an der Mosel. Neuphilologe (Englisch, Französisch, Spanisch, Niederländisch). Aktives Mitglied in mehreren internationalen Haiku-Organisationen. Von Anfang an, seit 2007, Mitherausgeber des deutsch-englischen Internet-Haiku-Magazins „Chrysanthemum". Zahlreiche Veröffentlichungen von Haiku, Essays und Büchern in verschiedenen Sprachen, zuletzt „Der Ruf des Hototogisu – Grundbausteine des Haiku", Teil I (2019) und Teil II (2020), München (Allitera) sowie „Japanisches Glossar rund um das Haiku und verwandte Kunstformen im Rahmen der japanischen Kultur" (2022), Berlin (Rotkiefer Verlag).

Worf, Marion.

Zeller, Birgit, *1977, lebt in Stuttgart und arbeitet als MTA. In ihrer Freizeit ist sie fotografisch-künstlerisch tätig. birgit-zeller.de

Zeraschi, Romano, *1947, lebt in Parma, Bardi und Cinque Terre. Abschluss in Soziologie. Schreibt Haiku, Haibun, Haiga und Kikobun.

Zielke, Udo, *1956, lebt in Kiel. Er schreibt seit 1974, derzeit vorwiegend Haiku und Kurzprosa. Veröffentlichungen in Zeitungen, Zeitschriften, Anthologien, Rundfunk und im Internet. Drei Lyrikbände.

Mitgliedschaften: Viele der Autoren sind Mitglieder der Deutschen Haiku-Gesellschaft (DHG: haiku.de), manche Mitglieder in der Österreichischen Haiku Gesellschaft (ÖHG: oesterr-haikuges.at). Im Einzelnen aufgeführt wurden, sofern von den Autoren erwähnt, nur Funktionsstellen in diesen literarischen Gesellschaften. Mitgliedschaften in anderen Gesellschaften wurden, soweit literarisch interessant, alle genannten aufgeführt.

Bücher: Viele der Autoren haben Bücher veröffentlicht. Zwei davon konnten oben aufgeführt werden. Den aktuellen Stand zeigen Buchversande oder die Deutsche Nationalbibliothek.

Edition Blaue Felder

Das ist der Produktionsverlag von Volker Friebel.
Hier erschienen folgende Haiku-Jahrbücher:

2003: Gepiercte Zungen: 153 Haiku von 37 Autoren.
2004: Der Lärm des Herzens. 142 Haiku von 35 Autoren.
2005: Worte für die Wolken. 100 Haiku von 36 Autoren.
2006: Feine Kerben. 163 Haiku von 55 Autoren.
2007: Große Augen. 226 Haiku von 60 Autoren.
2008: Lauschen der Bach. 108 Haiku von 53 Autoren.
2009: Spuren der Wasserläufer: 187 Haiku von 68 Autoren.
2010: Kirschblütenwind: 314 Haiku von 94 Autoren.
2011: Regler ins Weiß: 352 Haiku von 98 Autoren.
2012: Träume teilen: 387 Haiku von 111 Autoren.
2013: Entropie der Worte: 500 Haiku von 111 Autoren.
2014: Unter dem Milchschaumherz: 591 Haiku von 109 Autoren.
2015: Zwiegespräch mit dem Irrlicht: 606 Haiku von 120 Autoren.
2016: Südwind: 596 Haiku von 115 Autoren.
2017: Leichte Fracht: 556 Haiku von 116 Autoren.
2018: Morgennachrichten: 553 Haiku von 116 Autoren.
2019: Honigspur: 604 Haiku von 121 Autoren.
2020: Nebelland: 647 Haiku von 123 Autoren.
2021: Quarantäne unter Sternen: 598 Haiku von 129 Autoren.
2022: Temperatursturz: 644 Haiku von 133 Autoren.
2023: Aufbrüche: 571 Haiku von 122 Autoren.

Außerdem hingewiesen sei auf das Grundlagenwerk:
Volker Friebel (2019): Das Haiku. Grundwissen –
Vertiefungen – der Horizont.

Alle Bücher können im Buchhandel oder auf
www.volker-friebel.de/bestellen bestellt werden.
Letztere Adresse liefert auch die Haiku-Jahrbücher,
die derzeit nicht im Buchhandel erhältlich sind. Freie
pdf-Versionen aller Haiku-Jahrbücher gibt es auf
www.haiku-heute.de/jahrbuch